UNE DEMI-HEURE DE REVUE

A RENNES,

ET

RÉPONSE

AUX JOURNAUX MINISTÉRIELS

ET MONARCHIQUES.

La publicité est devenue un monopole de faits
dénaturés et d'allégations injurieuses.

B. CONSTANT.

25 cent.

SE TROUVE A RENNES,

AU BUREAU DE *L'ÉCHO DE L'OUEST;*
Et chez MM. DEKERPEN, DUCHESNE et MOLLIEX, Libraires.

A PARIS,

Chez MM. CORRÉARD et LATOUR, Libraires, au Palais Royal.

====

1820.

UNE DEMI-HEURE DE REVUE

A RENNES,

ET

RÉPONSE AUX JOURNAUX MINISTÉRIELS

ET MONARCHIQUES.

EN rendant compte de ce qui s'est passé à Rennes, lors de la remise du drapeau de la légion *(bis)* d'Ille-et-Vilaine, les journaux ministériels et monarchiques ont dénaturé tous les faits, et se sont permis les assertions les plus calomnieuses contre les jeunes gens de Rennes. On devait espérer que la censure, qui avait permis l'insertion de pareils articles, ne refuserait pas aux journaux constitutionnels la permission d'insérer les réclamations qu'on pourrait leur adresser : elle en a décidé autrement : et lorsque ceux-ci ont voulu rétablir les faits, dans toute leur exactitude, elle leur a imposé silence : ainsi, des citoyens dont la conduite était à l'abri de tout reproche, sont restés sous le coup des imputions les plus injurieuses, sans pouvoir employer, pour les repousser, les moyens que l'on avait employés pour les répandre.

Il reste encore heureusement, à ceux qui sont en butte à d'aussi lâches injures, une autre voie pour se faire entendre du public : je vais y avoir recours pour prouver que la conduite de mes jeunes compatriotes, le 30 mars dernier, n'avait rien que de légal et de régulier.

Une relation exacte des faits suffira pour atteindre ce but, et pour réduire la malveillance au silence. Ce que j'affirmerai, je l'ai vu et entendu, et mille témoins pourraient l'attester comme moi.

Un acte arbitraire de l'autorité a été l'unique cause de cette scène.

LE 19 mars dernier, pendant la cérémonie de la bénédiction du drapeau de la légion *(bis)* des Côtes-du-Nord, quelques jeunes gens joignirent le cri de *vive la Charte !* au cri de *vive le Roi !* proféré par les troupes de la garnison : ils n'avaient d'autre intention que de manifester leur attachement à nos libertés constitutionnelles menacées, et étaient bien loin de s'attendre que ce cri pût blesser personne : ils se trompèrent :

Un de nos commissaires de police, qui aime la constitution comme tous les hommes de 1815, importuné de ce cri, s'adresse à l'un de ces jeunes gens, et n'osant pas lui faire ouvertement un crime de son attachement à la Charte, il l'accuse de le regarder d'un air insolent, et, sous ce prétexte frivole , le fait arrêter par la gendarmerie . et conduire au bureau de police, d'où il n'est remis en liberté qu'après avoir subi un très-long inter-rogatoire.

Il est dans la nature de l'arbitraire d'aigrir et de révolter : tel était l'effet qu'il devait produire principalement sur une réunion de jeunes gens , dont le cœur plus neuf est aussi plus sensible à l'injustice ; il le produisit : bien convaincus d'ail-leurs qu'ils n'avaient rien fait que de légal et de louable, ils résolurent de répéter le même cri , à la première occasion.

Il est à remarquer que toute cette scène s'était passée , sans que M. le comte Coutard, qui com-mande la division , s'en fût apperçu ou eut paru s'en appercevoir.

L'occasion qu'attendaient les jeunes gens se pré-senta bientôt : le lieutenant général fixa le 3o mars, pour la remise du drapeau de la légion (bis) d'Ille-et-Vilaine.

Au jour indiqué , le régiment d'artillerie , la légion de la Dordogne et l'escadron du train se rendirent sur la place du Palais, pour assister à la cérémonie.

Plusieurs groupes de jeunes gens, dont l'un était de plus de 200 , étaient sur différens points de la place, autour du carré formé par les troupes (1).

---

(1) Suivant le *Drapeau Blanc* , il n'y avait qu'une cinquan-taine de jeunes gens ; suivant le *Journal de Paris*, une centaine ; suivant le *Journal des Débats*, ils pouvaient être 15o, enfin , le *Moniteur*, qui ne détermine pas le nombre, laisse à penser

(6)

La légion, qui recevait son drapeau, se rendit à l'église de Saint-Germain où eut lieu la bénédiction, et, aussitôt la cérémonie terminée, revint sur la place et s'y forma en bataille.

M. le lieutenant-général comte Coutard, à la tête de son état-major à cheval, arriva alors et se plaça devant le front de la légion *(bis)* d'Ille-et-Vilaine : avant de lui remettre son drapeau, il prononça un discours qu'il termina par les cris de *vive le Roi long-temps ! vivent les Bourbons toujours !* La garnison répéta le cri de *vive le Roi !* Les jeunes gens y répondirent par ceux de *vive le Roi ! vive la Charte ! vive la Constitution ! toute la Constitution ! rien que la Constitution ! point de loi d'exception !*

A ces cris, le général se porte rapidement avec l'état-major et un piquet de gendarmerie vers le groupe le plus nombreux, qui était à une des extrémités de la place (1), derrière une compagnie de canonniers et les grenadiers de la légion de la Dordogne. Il arrive d'un air menaçant, la figure (2)

---

qu'ils étaient plus nombreux : tout spectateur impartial affirmera qu'un seul des groupes excédait 200 personnes.

(1) Le *Moniteur* prétend que les jeunes gens étaient au milieu de la place ; il n'y avait au milieu de la place, dans le carré que l'état-major : les spectateurs étaient hors du carré et aux extrémités de la place. Je ne relève de semblables erreurs que pour montrer de quelle manière les faits ont été rapportés par tous les journaux ministériels et monarchiques.

(2) M. le comte Coutard s'est approché d'eux (des jeunes gens), et avec autant de *modération* que de *fermeté*, il, etc. Nous laissons aux spectateurs à décider laquelle est exacte de la relation du *Moniteur* ou de la nôtre.

altérée, et pouvant à peine se contenir. Les jeunes gens le reçoivent de pied ferme, et en continuant de répéter les mêmes cris. Le général, comme s'il avait voulu éprouver les sentimens des jeunes gens, prononce alors le cri de *vive le Roi!* avec un accent de rage que chacun remarque. *Vive le Roi! vive la Charte! toute la Charte!* répètent tous les jeunes gens.

Si, dans ce moment, le général prononça d'autres mots, ce que nous ne croyons pas, il nous fut impossible de les saisir. Après avoir été environ deux minutes, au milieu du groupe, il se retira et retourna au milieu de la place. A peine y était-il arrivé, que les mêmes cris se continuant toujours avec une nouvelle énergie, il revient une seconde fois au galop, avec son escorte, dans le même groupe. Cette fois, il y eut des explications : « Messieurs, dit le général, lorsque nous crions *vive le Roi!* nous crions aussi *vive la Charte!* nous voulons comme vous le Roi et la Charte. »

« Et nous, général, lui répondirent les jeunes gens, lorsque nous crions *vive la Charte!* nous crions aussi *vive le Roi!* qui est son auteur : ces deux cris, que nous avons fréquemment réunis, ne peuvent laisser aucun doute sur nos sentimens. Nous regrettons que vous ne les ayez pas réunis comme nous. »

En effet, presque toujours ils avaient fait entendre ces deux cris à la fois.

Et, en même temps, tous les jeunes gens, élevant leurs chapeaux en l'air, répétèrent les cris de *vive le Roi! vive la Constitution! toute la Cons-*

titution ! rien que la Constitution ! point de lois d'exception ! vive l'armée nationale ! vivent les défenseurs du Roi et de nos libertés ! Le général se retira alors.

Le colonel de gendarmerie descendit de cheval et vint au milieu des jeunes gens : sa figure calme contrastait avec celle du général. Un instant auparavant, ayant reçu l'ordre de disperser les jeunes gens, il avait appuyé de motifs de prudence le refus de se charger de son exécution. Il donna des explications conformes à celles que venait de donner M. le comte Coutard, leur dit que « lorsqu'ils » criaient *vive le Roi !* ils criaient *vive la Charte !* » qui est son ouvrage. »

Il cria lui-même *vive le Roi ! vive la Charte !* et ajouta « qu'il savait bien que le Roi ne pouvait se » maintenir sans la Charte. »

Le général ordonnait alors et faisait exécuter diverses manœuvres militaires. En défilant, les troupes furent accueillies, par les jeunes gens, des cris mille fois répétés de *vive la Charte ! vive l'armée nationale !* Pendant tout le temps de la revue, elles étaient demeurées calmes et tranquilles, sans proférer un seul cri ; « mais il était facile, dit *l'Écho de l'Ouest*, de s'apercevoir, à la manière dont les soldats souriaient aux jeunes gens, qu'eux aussi ils ne séparaient point dans leurs affections les cris de *vive le Roi ! vive la Charte !* »

Lorsque le général vint la première fois vers les jeunes gens, les grenadiers de la légion de la Dordogne reçurent l'ordre de se porter en arrière du groupe, et ils obéirent ; mais à peine avaient-ils exécuté ce mouvement, qu'ils revinrent à leur place, soit d'eux-mêmes, soit d'après les ordres de leurs officiers.

L'Écho avait ajouté que, dans le même moment, la compagnie des canonniers la plus rapprochée du même groupe, reçut un ordre semblable (qu'elle refusa d'exécuter): le sofficiers du régiment d'artillerie ont réclamé contre cette assertion; si elle se fût vérifiée, elle eût annoncé, de la part du général, l'intention d'envelopper les jeunes gens et d'employer les moyens *extrémes* qu'il blâmait, il y a quelques mois, les autorités de Brest, d'avoir négligés (1).

MM. les commissaires de police qui étaient présens, soit qu'ils en eussent reçu l'ordre, soit qu'ils ne se crussent pas autorisés à agir, ou qu'ils se vissent suffisamment suppléés par M. le comte Coutard, restèrent tranquilles spectateurs, laissant à M. le lieutenant général tous les honneurs de cette journée.

Aussitôt la revue terminée, les jeunes gens se séparèrent et retournèrent à leurs occupations, sans prononcer aucun cri.

Voilà les faits tels qu'ils se sont passés, en présence d'une foule immense de spectateurs : tout ce qui y est contraire, dans les relations données par les journaux ministériels ou monarchiques, est absolument faux.

____

(1) « Après l'expulsion des Jésuites de Brest, dit M. Ed. Corbière, M. le général Coutard passa en revue la garnison. Moins occupé de son inspection que de la défection des Jésuites,

J'aurais pu ajouter de nombreuses allégations : je m'en suis abstenu, ne voulant avancer aucun fait qui puisse être démenti.

D'après la relation que je viens de donner, que chacun juge, s'il y eut quelques fautes ou imprudences, de quel côté elles furent. En accusera-t-on ceux qui ne firent que répéter un cri cher à tous les Français, ou celui qui voulut l'interdire ? Si, comme l'a dit M. Girardin, si comme on ne saurait le contester, la Charte et le Roi, le Roi et la Charte sont aujourd'hui inséparables, ceux qui criaient *vive la Charte!* lors même qu'ils n'y auraient pas joint le cri de *vive le Roi!* ne manifestaient-ils pas les mêmes sentimens que ceux qui ne prononçaient que ce dernier cri ? Pourquoi donc défendre l'un, quand on encourageait l'autre ? Que l'on ait ajouté un cri d'indignation contre les lois d'exception, était-ce un crime, surtout lorsqu'aucune loi d'exception n'était encore promulguée parmi nous ? Et, ces lois eussent-elles été promulguées, n'était-il pas permis, en s'y soumettant, de s'en plaindre et de demander qu'elles fussent retirées ? Lorsqu'en 1814, on faisait entendre, de toutes parts, les cris, *plus de conscription, plus de droits réunis!* ces cris, quoique dirigés contre des lois en vigueur, étaient accueillis avec bienveillance : pourquoi défendrait-on aujourd'hui ce

---

il blâma, sans ménagement, notre conduite à leur égard, et reprocha aux autorités de n'avoir pas opposé aux attroupemens les 6,000 hommes de force armée qu'elles avaient à leur disposition. » (*Trois jours d'une Mission à Brest.*)

qu'on était si loin de blâmer alors? J'ajouterai que le droit de se plaindre d'une mauvaise loi a été reconnu à une des dernières séances de la Chambre.

Un autre cri fut aussi proféré : à la vue de nos légions, les jeunes gens crièrent : *vive l'armée nationale !* Hommes monarchiques, en 1815, vous avez assez crié *vive Alexandre ! vive Wellington ! vivent nos bons Alliés !* ne nous faites pas un crime aujourd'hui de faire entendre le nom des troupes françaises : célébrez les revers de la France, célébrez ses ennemis, puisque vous en avez le triste courage. Il fut un temps où nous ne pouvions que nous taire et rougir. Le souvenir de nos défaites nous a assez long-temps humiliés : pardonnez-nous si nous donnons maintenant des témoignages de confiance et d'estime à ceux qui, à l'avenir, doivent nous mettre à l'abri de pareils outrages.

Avoir exposé les faits, c'est avoir détruit toutes les imputations calomnieuses dont les jeunes Rennais ont été l'objet : je pourrais donc me dispenser de toute observation ultérieure : cependant les accusations sont si graves de leur nature, et l'autorité semble y attacher tant d'importance que je ne crois pas devoir terminer, sans les reproduire. Je montrerai combien elles sont ridicules.

Les jeunes gens voulaient rallier à eux tout le peuple, entourer le général et soulever les troupes : telles sont les expressions du *Drapeau Blanc,* qui n'est ici que l'écho des autres journaux monarchiques. Ainsi les voilà transformés en conspirateurs : ainsi ils mériteraient le sort de Lyon et de Grenoble.... Qui sera surpris désormais ici, en apprenant qu'il y a existé ou éclaté une horrible conspiration? Le *Drapeau Blanc* a prévenu, les voies sont ouvertes aux délations......

Quand on se permet une accusation aussi grave, il faudrait quelques preuves : ici, où sont-elles? Les jeunes gens ont-ils engagé les soldats à la désobéissance? Leur ont-ils montré des couleurs proscrites? Existe-t-il un noyau de révoltés auquel ils les aient engagés à se réunir? A-t-on saisi quelque correspondance criminelle? Rien de semblable.

Convenons que nos conspirateurs Rennais sont bien imbécilles : ils veulent porter les troupes à se révolter contre le Roi, et ils prennent pour cri de ralliement le plus beau titre de gloire que le Monarque puisse transmettre à la postérité, un titre qui lui concilie l'affection de tous ses sujets : s'il y avait eu des conspirateurs, ne seraient-ce pas plutôt ceux qui voulaient proscrire une acclamation qui est un éloge du Monarque? Vils calomniateurs, inventez du moins des accusations qui ne soient pas absurdes.

Non, ce n'est point à Rennes que se forment des conspirations : le caractère franc des Rennais repousse tout moyen lâche ou bas; ils agissent à découvert et parlent hautement, parce que leur conduite et leurs sentimens sont toujours nobles et patriotiques.

Ennemis de tout despotisme, de celui de l'ancien régime, comme de celui de l'empire, ils veulent le règne des lois, la sûreté des personnes et des propriétés, et un gouvernement protecteur de l'industrie : voilà ce qu'ils voulaient il y a trente-deux ans, lorsque, les premiers en France, ils faisaient entendre le cri de liberté ; voilà ce que veulent encore aujourd'hui les jeunes Rennais, animés des sentimens qui dirigeaient leurs pères, et voilà ce qu'ils peuvent obtenir et ce qu'ils obtiendront sous la royauté constitutionnelle : que pourraient-ils désirer de plus ?

Les journaux monarchiques ont dit que les jeunes gens avaient crié *la Charte ou la mort* ; j'ignore si ce cri a été prononcé, je ne l'ai pas entendu : s'il l'a été, j'en félicite les auteurs ; ils ont exprimé avec énergie un sentiment qui les honore ; et ce sentiment est celui de toute la jeunesse : il doit plaire à S. M. : il lui apprend, que, nulle part, la royauté constitutionnelle, qui comprend la Charte et le Roi, ne trouvera des sujets plus dévoués à sa défense : il ne pourrait être désagréable qu'à ceux qui penseraient à nous enlever nos libertés constitutionnelles.

Les journaux monarchiques ont dit que les troupes, en entendant le cri de *vive la Charte, avaient de la peine à contenir leur indignation.*

Nos soldats sont-ils donc les ennemis de la Charte, pour qu'ils s'indignent contre les citoyens qui lui marquent de l'attachement ? On se trompe : nos militaires ne sont pas d'anciens *cadets* à qui la révolution ait enlevé leurs privilèges. Ce sont des fils de laboureurs et de marchands aussi intéressés que nous au maintien de la Charte, qui ne met aucune borne à leur avancement : ils partagent et doivent partager nos sentimens. « Les mêmes élé-

(14)

mens, a dit le général Sébastiani, en parlant de
l'armée, les mêmes intérêts produisent les mêmes
résultats. » Les soldats français seront toujours
les défenseurs du Roi et nos libertés : jamais ils ne
seront les partisans d'une faction qui n'a fait usage
de son pouvoir que pour enlever, à l'ancienneté de
service, tous ses droits, afin de placer des privilé-
giés.

Je ne ferai point ici un éloge particulier de
notre garnison : on pourrait lui en faire un crime :
et je l'aime et je l'estime trop, pour vouloir lui
nuire. Cependant que ceux qui la disent ennemie
de la Charte se rappèlent que plus d'une fois on lui
a défendu la lecture des ouvrages constitutionnels,
et que jamais on n'eut la peine de lui interdire
celle des ouvrages monarchiques, et ils verront
que cette garnison n'est pas telle qu'on voudrait
la représenter.

Le *Moniteur* a dit que les militaires avaient été
en butte à des provocations particulières auxquelles
ils n'avaient répondu que par le mépris : nouvelle
calomnie que n'a pas osé répéter le *Drapeau* lui-
même, et qu'a démentie le journal des *Débats*. Il
n'y eut pas de provocation : nulle part les militaires ne sont plus aimés ni mieux accueillis qu'ils
ne le sont à Rennes, par une jeunesse admiratrice
de tous les hauts faits de nos armées.

Les journaux monarchiques ont répété que les
divers groupes des jeunes gens n'étaient guères
composés que d'étudians en droit ; autre inexactitude : depuis plusieurs jours la faculté de droit
avait commencé les vacances de Pâques : la plu-

part des jeunes gens étaient dans leurs familles ; et tous ceux qui restaient alors à Rennes, eussent-ils été sur la place, n'auraient pas formé le cinquième des jeunes gens présens. J'ai relevé cette inexactitude, pour ôter tout prétexte aux menaces que l'on fait journellement de nous enlever la faculté de droit.

Je ne répondrai pas aux grossièretés du *Drapeau Blanc* : qu'il sache, que le courage est naturel aux Bretons, et qu'ils n'ont pas besoin de s'enivrer pour se donner de l'audace : son correspondant qui sans doute n'est pas militaire Rennais, aurait-il recours à ce triste expédient, pour être brave ? La jeunesse de Rennes est aussi distinguée par sa sobriété, sa bonne conduite, que par sa bravoure et son amour pour le travail.

A voir la manière dont les faits ont été dénaturés, il semble que certaines personnes voulaient faire passer pour une conspiration une réunion de jeunes gens qui n'avait rien de répréhensible : quel était leur but ? Voulaient-elles se donner le mérite de l'avoir étouffée ? Voulaient-elles avoir l'occasion de sévir contre une jeunesse qui leur est odieuse ? Je l'ignore.

Tout homme impartial attestera que les cris des jeunes gens, que l'on n'avait pas plus le droit de comprimer que ceux des troupes, n'avaient rien que de louable, et qu'ils n'auraient probablement pas attiré l'attention d'une manière particulière, sans la démarche de M. le lieutenant général.

Forts de leur conscience, les jeunes gens pou-

vaient mépriser les injures qui leur ont été prodi-
guées : mais il était à craindre qu'elles ne servis-
sent de prétexte à quelques mesures de rigueur :
voilà pourquoi j'ai voulu les repousser.

Je n'ai voulu ni blâmer, ni louer : l'éloge et le
blâme seront dans les faits.